ANSELM GRÜN

Das Glück der Liebe

ANSELM GRÜN

Das Glück der Liebe

HERDER

FREIBURG · BASEL · WIEN

Liebe ist ein abgegriffenes Wort. Aber dennoch verwenden es Menschen immer wieder. Es weckt in den Hörern die Sehnsucht nach Verzauberung des Lebens, nach Erfüllung, nach Nähe, nach Zärtlichkeit. In jedem Menschen steckt die Sehnsucht, zu lieben und geliebt zu werden. Zahlreiche Schlager kreisen um dieses Thema. Doch zugleich erfährt der Mensch, dass die Liebe bei aller verwandelnden Kraft immer auch brüchig ist. Sie hält nicht ewig, sie zerrinnt uns zwischen den Fingern.

Wir sehnen uns nach einer Liebe, die uns für immer erfüllt. Aber offensichtlich verweist die Liebe, die wir mit einem Menschen erfahren, immer über sich hinaus auf eine größere Liebe, auf eine unvergänglich ewige, letztlich auf eine göttliche Liebe.

Viele denken beim Wort Liebe ans Verliebtsein. Verliebte Menschen schweben gleichsam wie auf Wolken. Alles in ihnen wird lebendig. Sie fühlen sich wie verzaubert. Die Liebe lässt sie immer nur an den geliebten Menschen denken. Seine Nähe ist für sie wie ein Lebenselixier. Sie blühen auf und fühlen sich glücklich. Verliebtsein steht am Anfang jeder großen Liebe.
Häufig verlieben sich auch ältere Menschen noch. Selbst glücklich Verheiratete können bei einer Begegnung spüren: Es ist Liebe auf den ersten Blick. Aus Angst vor dem Verlust der eigenen Ehe bleibt solch eine Liebe auf den ersten Blick meist ungelebt.

Gegen das Verliebtsein hilft nichts. Aber es ist wichtig, verantwortungsvoll mit diesem Gefühl umzugehen.

Wenn wir uns verlieben, erleben wir uns selbst als liebesfähig. Wir spüren eine tiefe Liebe. Diese Liebe ist in uns. Sie wird zwar von anderen ausgelöst, aber es ist unsere Liebe. Viele Menschen machen sich von ihrem geliebten Gegenüber abhängig und geraten in Turbulenzen mit ihrem bisherigen Lebenskonzept. C. G. Jung meint, Verlieben habe immer mit Projektion zu tun. Menschen verlieben sich in einen anderen Menschen, der etwas lebt, was auch in ihnen ist, was sie aber bisher zu wenig verwirklicht haben.

Das Verliebtsein ist immer eine Herausforderung an uns, bisher Vernachlässigtes, Lebenswertes zu leben. Der geliebte Mensch hat es hervorgelockt, aber es ist nicht von ihm abhängig.

Wenn wir nur lebendig sind, wenn der geliebte Mensch da ist, werden wir abhängig. Und diese Abhängigkeit ist letztlich gegen unsere Würde. Je mehr wir aber in uns verwirklichen, was der andere in uns anregt, desto weniger werden wir abhängig. Wir dürfen den anderen dankbar wahrnehmen. Wir dürfen unser Verliebtsein spüren, ohne Angst zu haben, dass wir den Menschen, mit dem wir in Liebe verbunden sind, verlassen müssen.

Verliebtsein ist ein Weg, nach und nach den Reichtum unserer eigenen Seele zu entfalten.

Das Ziel unserer Sehnsucht ist nicht, dass uns einmal ein Mensch begegnet, der uns so liebt, dass wir für immer satt sind. Wir werden nie ganz satt werden an menschlicher Liebe. Das Ziel der erfüllenden und auch der enttäuschenden Erfahrungen mit der Liebe besteht darin, dass wir Liebe werden, dass wir die Liebe als Qualität erfahren, die unser ganzes Dasein prägt, als eine Quelle, die in uns strömt. Eine Frau hat das einmal so ausgedrückt: Bei einem Spaziergang hatte sie auf einmal das Gefühl, sie sei ganz Liebe. Sie liebte nicht einen bestimmten Menschen, sondern sie war Liebe. Die Liebe in ihr strömte zu allem hin, was sie umgab. Sie erfüllte ihren Leib und ließ sie ihn auf neue Weise spüren.

Von einem wahrhaft liebenden Menschen strahlt Wohlwollen zu allem aus. Sie spüren einen angenehmen Geschmack in sich, den Geschmack der Liebe.

Das Wort »Liebe« kommt von der mittelhochdeutschen Wurzel »liob = gut«. Es hängt mit zwei anderen Worten zusammen: glauben und loben. Glauben heißt: das Gute sehen, den guten Kern in einem Menschen erkennen, mit guten Augen in die Welt schauen. Und loben: das Gute benennen, gut von einem Menschen reden, Worte sprechen, die der Seele guttun. Lieben bedeutet dann: gut mit einem Menschen umgehen, den wir mit guten Augen anschauen, in dem wir sein Gutes erkennen und dem wir vertrauen, dass er sich nach dem Guten sehnt. Die deutsche Sprache hat die Liebe nicht mit tiefen Gefühlen aufgeladen, sondern sieht sie nüchterner.

Im Deutschen meint Liebe wörtlich genommen gutes Umgehen mit Menschen, eine gute Behandlung. Indem wir gut mit jemandem umgehen, locken wir das Gute in ihm hervor.

Die griechische Sprache kennt drei Wörter für die Liebe. Offensichtlich haben die Griechen der Antike eine eigene Kultur der Liebe entfaltet, die differenzierter ist als die des deutschen Sprachraums. Der Eros ist die begehrliche, die leidenschaftliche Liebe. Der Eros wird als junger Mann dargestellt, der seine Liebespfeile auf Männer und Frauen schießt. Wer getroffen ist, wird gleichsam krank vor Liebe. Er verliebt sich unsterblich in einen anderen Menschen und kommt nicht mehr los von ihm. Eros ist aber auch die vereinende Kraft, die Menschen miteinander eins werden lässt. Und Eros kann eine Quelle leidenschaftlicher Kraft sein.

Wir kennen auch den pädagogischen, den wissenschaftlichen sowie den Eros des Arztes oder eines Künstlers. Eros treibt den Menschen an, sich mit aller Kraft einer Sache oder einer Person zu widmen.

Philia ist die Freundesliebe. Freundesliebe bedeutet nicht, einen Menschen zu begehren oder besitzen zu wollen. Sie ist vielmehr Ausdruck der Freude am anderen, so wie er ist. Die Griechen der Antike haben immer wieder das Lob der Freundschaft besungen. Freundesliebe veredelt den Menschen. Sie ist nur möglich zwischen guten Menschen. Das Ziel der Freundesliebe besteht darin, das eigene Leben für den anderen einzusetzen. Jesus hat seine Liebe zu seinen Jüngern als Freundesliebe verstanden: »Es gibt keine größere Liebe, als wenn einer sein Leben für seine Freunde hingibt« (Johannes 15,13).

In der Freundesliebe freuen sich Menschen am Sosein des Freundes. Sie will ihn nicht verändern, sondern gibt ihm den Raum, in dem er wachsen und den Reichtum seiner Seele entfalten kann.

Agape ist die göttliche, die selbstlose Liebe, die höchste Form der Liebe. Von ihr spricht Jesus immer wieder im Johannesevangelium als dem Kennzeichen der Christen. Die Agape strömt aus der Quelle göttlicher Liebe. Wenn Gott Mensch wird, dann feiert er Hochzeit mit den Menschen, dann gibt er ihnen maßlos den Wein, in den er das schal gewordene Wasser verwandelt hat. Wenn göttliche Liebe einen Menschen erfüllt, dann gibt sie seinem Leben einen neuen Geschmack, den süßen Geschmack köstlichen Weins. Es ist weniger eine Forderung, die Jesus aufstellt, mit dieser reinen Liebe zu lieben, sondern eine Verheißung.

Wir sind fähig zu dieser selbstlosen Liebe, wenn wir uns dafür öffnen, sie aus der göttlichen Quelle zu empfangen. Dann verleiht sie unserem Leben eine neue Qualität.

Schon das Alte Testament kennt den Ruf: »Deinen Nächsten sollst du lieben wie dich selbst« (3. Mose 19,18, zitiert in Lukas 10,27). Christen haben sich oft und oft auf die Liebe zum Nächsten konzentriert und dabei die Selbstliebe vergessen. Heute sind wir uns bewusst, wie schwer es ist, sich selbst zu lieben. Wir haben von uns so hohe Idealbilder verinnerlicht, dass es schwerfällt, uns in unserer Durchschnittlichkeit anzunehmen oder auch unseren Leib so zu lieben, wie er gestaltet ist, und unsere Psyche mit all ihren Verwundungen zu lieben. Es liegt alles daran, dass wir diesen konkreten Menschen, der wir selbst sind, gerne mögen und dass wir liebevoll mit ihm umgehen.

Darum geht es: unser ganzes Wohlwollen auf uns, auf diesen verletzten, bedürftigen und in sich so begrenzten Menschen zu richten – in Liebe.

Manche Menschen behaupten von sich, dass sie alle Menschen lieben. Aber einen konkreten Menschen in ihrer Nähe zu lieben fällt ihnen schwer oder erst gar nicht ein: den Nachbarn, der ihnen auf die Nerven geht, die Arbeitskollegin, die so kompliziert ist. Was aber heißt es konkret, den Nächsten zu lieben? Jesus hat auf diese Frage das Beispiel vom barmherzigen Samariter erzählt. Der Nächste? Das ist der, der unter die Räuber gefallen ist, verletzt und ausgeplündert am Straßenrand liegt. Liebe heißt da nicht, den anderen das ganze Leben lang mit sich herumzutragen. Der Samariter geht auf den Ausgeraubten zu, lädt ihn auf sein Lasttier und übergibt ihn in der nächsten Herberge dem Wirt. Er tut, wozu er in der Lage ist, mehr nicht.

Entscheidend ist, dass wir den bedürftigen Nächsten nicht übersehen, den Nächsten, der an unserem Straßenrand liegt und unserer Hilfe bedarf.

Was befähigt uns, den Nächsten zu lieben? Jesus gibt dazu einen Schlüssel: Alles, was wir dem »geringsten Bruder«, der »geringsten Schwester« tun, das sei ihm getan. Wie lässt sich das verstehen? Jesus hat vor 2000 Jahren gelebt. Wie kann er uns dann heute in einem Handwerker, einer Kollegin, einem Postboten begegnen?
Für mich ist zumindest wahr: In jedem Menschen lebt ein göttlicher Kern, etwas, was Jesus Christus voll und ganz verkörpert hat: den Menschen, in dem Gott selbst wohnt. In jedem menschlichen Gesicht verbirgt sich, zeitlos, etwas vom Antlitz des Mensch gewordenen Gottes.

Nächstenliebe heißt zuerst, die wunderbare Wesenswürde eines jeden Menschen zu achten und so mit ihm umzugehen, dass wir seine Würde ehren und bewahren.

Ein Jude brachte seinen schwierigen Sohn zu einem Rabbi und erklärte seine Ohnmacht, mit seinem Sohn umzugehen, der widerspenstig und unausstehlich sei. Als Vater wisse er nicht mehr, was er mit ihm machen solle. Der Rabbi umarmte den Sohn so lange, bis er sich bedingungslos geliebt fühlte. Dann gab er ihn seinem Vater zurück, verwandelt, geheilt. Die höchste Würde der Liebe wohnt darin, dass wir jemanden gesundzulieben vermögen. Liebe ist etwas Aktives. Sie bringt das Gute im anderen zum Vorschein. Liebe heilt und verwandelt.

Bei aller heilenden Kraft unserer Liebe müssen wir auch ihre Grenzen akzeptieren: Liebe vermag wirklich zu heilen, jedoch nur dann, wenn der andere die Liebe annimmt und Liebe in sich selbst wiederfindet.

Verliebet Paare sind für ihre Umgebung erfrischend und belebend. Aber auch das kennen wir: Paare, die sich nichts mehr zu sagen haben. Es scheint fast, als sei ihnen die Liebe abhandengekommen. Sie sind noch zusammen, aber ihr Miteinander strahlt nichts aus. Ihre Liebe ist alltäglich geworden.
Doch auch ältere Paare können so liebevoll miteinander umgehen, dass wir uns über das Geschenk ihrer Liebe nur freuen können. Wie groß muss ihre Liebe sein, wenn sie auch im Alter noch glänzt und sie einander so zugewandt sind – Ausdruck eines tiefen Einverständnisses.

Nicht nur die starken Gefühle des Verliebtseins können uns berühren, sondern auch der Geschmack einer reif gewordenen Liebe.

Der spirituelle Altmeister Augustinus (354–430) hat ein wunderschönes Wort gesagt: »Liebe und tu, was du willst!« Dies ist ein Wort gegen jedes enge Gesetzesdenken. Wer liebt, braucht sich nicht mehr um Gebote zu kümmern, die er einhalten soll. Er tut immer das Richtige.
Wenn wir unsere Arbeit lieben und sie aus Liebe zu den Dingen, die wir formen, und aus Liebe zu den Menschen, für die wir arbeiten, verrichten, dann geht Segen von ihr aus. Wenn wir die Menschen lieben, für die wir im Beruf verantwortlich sind, werden wir genau richtig mit ihnen umgehen. Wenn ich die Menschen liebe, die ich in einer Therapie oder geistlichen Beratung begleite, wird die Begleitung heilsam für sie sein.

Wenn wir die Menschen lieben, fällt uns immer das Richtige ein, wie es gerade gut ist, ihnen zu begegnen.

Jeder Mensch lebt davon, dass er Liebe erfahren hat. Wir sind von den Eltern geliebt worden, so gut sie es vermocht haben, und wir werden noch immer geliebt. Auch wer sich mehr Liebe von den Eltern gewünscht hätte, kann gewiss sein, dass sie an Liebe gegeben haben, wie sie es konnten. Wir sind im Leben vielen Menschen begegnet, von denen wir Liebe empfangen haben. Von dieser Liebe können wir zehren. Sie gibt die Gewissheit, dass wir liebenswert sind. Und weil wir Liebe von den Eltern, den Großeltern, Geschwistern, Lehrern und Freunden bekommen und angenommen haben, sind wir selbst fähig, Liebe zu geben.

Nur wer nimmt, vermag zu geben. Doch wir sollen nicht im Nehmen stecken bleiben. Nur wenn wir Liebe geben, werden wir sie immer wieder auch nehmen können.

Gott liebt die Menschen? Für viele sind solche biblischen Zusagen viel zu abstrakt, sie entspricht nicht ihrer Erfahrung. Solche Worte allein können ihnen die Erfahrung der Liebe Gottes nicht vermitteln. Doch manchmal blitzt plötzlich, wie aus heiterem Himmel, ein Gefühl auf, dass Gott uns bedingungslos liebt. Und dann?
Eine Frau erzählte von ihrem Urlaub und wie sie, als sie auf einer Bank saß und die schöne Landschaft sah, sich von Gottes Liebe umhüllt fühlte. Im gleichen Augenblick traten

ihre Verletzungen wie von selbst völlig zurück, an denen sie so lange gelitten hatte. Sie fühlte sich ganz und gar gut mit ihrem Leben.

Die innere Gewissheit der bedingungslosen Liebe Gottes kann zum Heilmittel für unsere Wunden werden und uns tiefen Frieden schenken.

Liebe von einem Menschen oder zu einem Menschen erfahren wir hautnah. Sie zeigt sich in starken Emotionen. Die Liebe Gottes bleibt oft nur im Kopf. Doch gerade dann, wenn menschliche Liebe brüchig wird, kann uns aufgehen, worin das Wesen der göttlichen Liebe besteht: Sie allein ist bedingungslos. Der Pastoralpsychologe Karl Frielingsdorf meint, viele Menschen würden in der Kindheit nur bedingte Liebe erfahren: »Ich liebe dich, wenn du brav bist, wenn du etwas leistest, wenn du Erfolg hast ...« Solche bedingten Daseinsberechtigungen führen nur zu Strategien des Überlebens.

Denken nicht sehr viele Menschen so von sich? Ich leiste immer mehr, damit ich endlich geliebt werde. Ich passe mich überall an, sage nie meine Meinung, damit ich bei allen beliebt bin.

Es ist zutiefst heilsam, der bedingungslosen Liebe Gottes zu vertrauen: Ich werde von Gott geliebt, weil ich ich bin, nicht weil ich besonders gut, brav, fromm oder angepasst bin. In der Erfahrung des Mangels bedingungsloser menschlicher Liebe kann uns das Wesen der göttlichen Liebe neu aufgehen. Wer dieser kostenfreien Liebe Gottes vertraut und sie in sich spürt, vermag wahrhaft zu leben. Alles andere gleicht eher einem Überleben und ist nicht das wirkliche Leben.

Um vom Überleben zum Leben zu gelangen, müssen wir die Gewissheit finden, dass wir bedingungslos geliebt sind.

Viele Menschen beklagen sich: »Die Liebe eines Menschen kann ich spüren. Wenn ich jemanden umarme, dann fühle ich die Liebe in meinem Atem, in meiner Haut. Aber Gottes Liebe vermag ich nicht zu spüren.«
Wenn wir darauf vertrauen, dass Gottes Liebe die Schöpfung durchdringt, dann können wir seine Liebe zumindest erahnen. Wenn wir uns in die Sonne stellen und uns von ihrer Wärme durchdringen lassen, fühlen wir seine wärmende Liebe. Oder wenn wir zärtlich das Gras streicheln, erahnen wir seine Zärtlichkeit in uns. Auch in der Musik können wir die göttliche Liebe erspüren. Wenn ich etwa eine Bach-Kantate höre, fühle ich mich von Gottes Liebe umgeben und durchtönt.

Wenn wir die göttliche Liebe spüren, fühlen wir uns geborgen und erahnen, wie sich das Glück der Liebe anfühlt.

Der französische Dichter Antoine des Saint-Exupéry hat einmal gesagt, in der Sehnsucht nach Liebe sei längst schon Liebe. Viele Menschen bedauern es und leiden daran, dass sie in sich so wenig Liebe spüren und sich nicht wirklich geliebt wissen. Sie bleiben oft in ihrem Schmerz stecken. Dann kann es heilsam sein zu wissen, dass die Sehnsucht nach Liebe längst schon Liebe ist. Diese Sehnsucht können wir spüren. Wir müssen nur die Hand auf unser Herz legen und in uns hineinhorchen. Dann kommen wir in Berührung mit unserer Sehnsucht. In ihr die Liebe wahrzunehmen, darum geht es. Sie ist bereits da, sie ist in uns.

In der Sehnsucht nach Liebe ist schon Liebe, die uns niemand streitig zu machen vermag.

www.herder.de

Überarbeitete Neuausgabe des gleichnamigen,
2005 im Verlag Herder erschienenen Titels.

Gesamtgestaltung, Satz und Bildredaktion:
Christina Kölsch, www.christinakoelsch.de

Fotografie Einband: Filip Serban/123RF.com
Fotografien Innenteil: S. 4: natali_rijik/stock.adobe.com; S. 7: Margo Basarab/stock.adobe.com; S. 8: Laura Pashkevich/stock.adobe.com; S. 10/11: marmoset/stock.adobe.com; S. 13: denis_333/stock.adobe.com; S. 14: ic36006/stock.adobe.com; S. 16/17: Pavel Klimenko/stock.adobe.com; S. 19: iStockphoto/Getty Images ParfonovaIuliia; S. 20: jcomp/stock.adobe.com; S. 23: Romolo Tavani/stock.adobe.com; S. 24: chambo4ka/stock.adobe.com; S. 27: zummolo/stock.adobe.com; S. 28: panifuzja/stock.adobe.com; S. 31: ThomBal/stock.adobe.com; S. 32: aletia2011/stock.adobe.com; S. 35: stokkete/stock.adobe.com; S. 36: ipopba/stock.adobe.com; S. 38/39: Giuseppe Porzani/stock.adobe.com; S. 41: janoka82/stock.adobe.com; S. 42: ipopba/stock.adobe.com; S. 45: soupstock/stock.adobe.com; S. 46: iStock/Getty Images/ysuel

Herstellung: Graspo CZ, Zlín

Gedruckt auf umweltfreundlichem, chlorfrei gebleichtem Papier

Printed in the Czech Republic

ISBN 978-3-451-38471-4